जीनियस और टैलेंट : सैम्युअल टेलर कॉलरिज की विचारदृष्टि

मीना रामनारायण, संपादन- डॉ. काना राम मीना

Made with ❤ on the Notion Press Platform
www.notionpress.com

उन सभी पाठकों को जो सैम्युअल टेलर कॉलरिज के विचारों का
सम्मान करते हैं...

क्रम-सूची

प्रस्तावना

रोमांटिक युग के सबसे प्रमुख कवियों में से एक सैमुअल टेलर कोलरिज न केवल एक साहित्यिक प्रतिभा थे, बल्कि एक गहन विचारक भी थे, जिनकी रचनात्मकता, कल्पना और मानवीय क्षमता पर चिंतन पाठकों को प्रेरित करते रहते हैं। जीनियस और टैलेंट के बीच के नाजुक अंतर्संबंध की उनकी खोज उनकी दार्शनिक गहराई और काव्यात्मक संवेदनशीलता को प्रकट करती है। यह पुस्तक, 'जीनियस और टैलेंट: सैमुअल टेलर कोलरिज की विचारदृष्टि', इन कालातीत विषयों पर उनके विचारों का एक चुनिंदा संग्रह प्रस्तुत करती है, जो हमें एक दूरदर्शी मस्तिष्क के विचारों को जानने का मौका देती है।

कोलरिज ने "जीनियस और टैलेंट" के बीच अंतर किया, 'जीनियस' जो कल्पना करने और बनाने की जन्मजात क्षमता है, और 'टैलेंट' जो अभ्यास और अनुशासन के माध्यम से परिष्कृत कौशल है। उनके लिए, जीनियस ईश्वरीय प्रेरणा थी, जबकि टैलेंट मानव श्रम थी। उनके लेखन हमें रचनात्मकता के स्रोतों और व्यक्ति किस तरह से मानव विचार और संस्कृति के व्यापक ताने-बाने में योगदान करते हैं, इस पर चिंतन करने के लिए प्रेरित करते हैं।

इस संग्रह के माध्यम से, पाठक कोलरिज के समृद्ध बौद्धिक परिदृश्यों को पार करेंगे, ऐसे विचारों का सामना करेंगे जो पारंपरिक सोच को चुनौती देते हैं और मानव क्षमता के गहन रहस्यों को उजागर करते हैं। उनके विचारों से जुड़कर, हम एक कवि-दार्शनिक के मन में अंतर्दृष्टि प्राप्त करते हैं, जिनकी विरासत सपने देखने वालों और काम करने वालों दोनों के लिए एक प्रकाशस्तंभ के रूप में बनी हुई है।

जैसे-जैसे आप इन प्रतिबिंबों के माध्यम से यात्रा करते हैं, आप अपने भीतर प्रतिभा और प्रज्ञा दोनों को पोषित करने और हमारी साझा दुनिया को आकार देने में उनकी महत्वपूर्ण भूमिका को पहचानने के लिए प्रेरित हो सकते हैं।

पावती (स्वीकृति)

मैं हृदय से उन सभी का आभार व्यक्त करता हूँ जिन्होंने इस पुस्तक, 'जीनियस और टैलेंट : सैम्युअल टेलर कॉलरिज की विचारदृष्टि' के निर्माण में योगदान दिया है।

मैं दूरदर्शी कवि और दार्शनिक सैम्युअल टेलर कॉलरिज का बहुत आभारी हूँ, जिनके गहन चिंतन इस कार्य के लिए मार्गदर्शक प्रकाश रहे हैं। रचनात्मकता, बुद्धि और प्रेरणा पर उनके विचारों ने पीढ़ियों पर अमिट छाप छोड़ी है और वे कालातीत बने हुए हैं।

मेरे गुरुओं और मार्गदर्शकों का विशेष धन्यवाद, जिनके प्रोत्साहन और ज्ञान ने इस प्रयास को समृद्ध किया है। कॉलरिज के कार्यों के बारे में आपकी अंतर्दृष्टि अमूल्य रही है।

सबसे ज्यादा आभार मैं इस पुस्तक के संपादक डॉ. काना राम मीना जी का करता हूँ जिन्होंने सम्पादन के दौरान नए आयामों से परिचित करवाया और पुस्तक को अपना स्वरूप मिल पाया।

मैं अपने परिवार और दोस्तों का आभार व्यक्त करता हूँ, जिनके अटूट समर्थन और धैर्य ने इस यात्रा को संभव बनाया। मेरी दृष्टि में आपका विश्वास शक्ति का स्रोत रहा है।

अंत में, मैं अपने पाठकों का धन्यवाद करना चाहता हूँ, जिनकी जिज्ञासा और साहित्य के प्रति प्रेम ने मुझे इस उल्लेखनीय विचारक के विचारों में गहराई से उतरने के लिए प्रेरित किया है। मुझे उम्मीद है कि यह पुस्तक आपके साथ प्रतिध्वनित होगी और आपकी कल्पना को प्रज्वलित करेगी, जैसे कॉलरिज के शब्दों ने मेरी कल्पना को प्रज्वलित किया है।

सच्ची सराहना के साथ,
-डॉ. राम नारायण मीना
ईमेल- meenajnu@gmail.com

1

कॉलरिज: जीवन परिचय एवं रचनाएं

सैम्युअल टेलर कॉलरिज का जन्म 21 अक्टूबर 1772 ई. में 'ओटेरी सेंट मेरी' नामक जगह पर हुआ था। ये अपने दस भाई बहिनों में सबसे छोटे थे। इनके पिता का नाम 'जॉन कॉलरिज तथा माता का नाम 'अनबोद्रन कॉलरिज' था। कॉलरिज बचपन में काफी चंचल स्वभाव के थे। उनकी शरारतों का पता उनकी डायरी और नोटबुक से चलता है। एक बार सात साल की उम्र में कॉलरिज घर छोड़कर भाग गये थे। परन्तु अगली सुबह ही अपने एक पड़ोसी के द्वारा ढूंढ लिये गये। 1781 ई. में पिता की मृत्यु के पश्चात् कॉलरिज 'लंदन चैरिटी' स्कूल में भेज दिये गये जहाँ पर वे अपने मामा के साथ रहते थे। कॉलरिज असाधारण प्रतिभा के धनी थे। कॉलरिज के भाई ल्यूक (Luke) की 1790 ई. में तथा एकमात्र बहन आन (Ann) की 1791 ई. में मृत्यु में हो गई थी। कॉलरिज ने अपनी प्रथम कविता मोनोडी (Monody) अपनी बहन 'आन' तथा भाई 'ल्यूक' से प्रेरित होकर ही लिखी थी। जिसमें उन्होंने अपने आपको थामस चैटरसन से संबंधित बताया था। इसी दौरान कॉलरिज बीमार हो गये और शायद उपचार के रूप में लौड़नुम (laudanum)[1] नामक दवा का प्रयोग किया। संभवतः उनकी जीवनभर की अफीम खाने की आदत की यह शुरूआत थी। 1791 ई. में कॉलरिज क्रैम्ब्रिज चले गये

जहाँ जीसस कॉलेज में 1794 ई. तक अध्ययन किया परन्तु डिग्री प्राप्त नहीं कर पाये। कुछ छात्रवृत्ति प्राप्त करने के बावजूद कॉलरिज अपनी अफीम, एल्कोहल तथा विलासिता की आदत के कारण ऋणग्रस्त हो गये थे। कॉलरिज अपनी 'काव्य-प्रसिद्धि की आशा में ही थे कि 1793 ई. में 150 डॉलर का ऋण चुकाने के लिए उन्होंने सेना की नौकरी ज्वाइन कर ली। परंतु कुछ समय बाद सेना की नौकरी छोड़कर चले आये। परिवार वालों ने उन्हें वापस कैम्ब्रिज भेज दिया जहाँ उनकी मुलाकात रॉबट सोथे (Robert Sothy) से हुई और कुछ समय के के लिए दोनों में मित्रता हो गयी। दोनों ही राजनीतिक उग्रवादी थे और वे रिपब्लिकन दल के नेता रहे। इन दोनों ने अपने राजनीतिक आंदोलन के लिए 'Pantisocracy' के विषय में योजना की शुरूआत की। रॉबर्ट पहले से ही एडीथ ऊंकिर नामक महिला के साथ जुड़े हुए थे और उन्होंने कॉलरिज का परिचय एडीथ ऊंकिर की बहिन 'सारा' से करा दिया। कुछ समय पश्चात् अक्टूबर 1795 ई. में कॉलरिज ने सारा से शादी कर ली। बाद में राबर्ट और कॉलरिज ने 'Pantisocracy' पर कार्य करना शुरू किया। परंतु अन्ततः अपने परिवार वालों की इच्छा के अनुसार राबर्ट आवजन करने की बजाय एक सूलमत बन गये। रॉबर्ट का आने वाली पीढ़ियों को मुख्य उपहार यह था कि उन्होंने कॉलरिज की मुलाकात विलियम वर्ड्सवर्थ से करवाई। यह कॉलरिज का दुर्भाग्य ही था कि उनकी मुलाकात वड्सवर्थ के द्वारा 'सारा हचिन्सन' नामक महिला से हुई। कॉलरिज सारा हचिन्सन से बहुत प्रेम करने लगे थे जिसके कारण उनके पूर्व से तनावग्रस्त जीवन में और समस्या बढ़ गयी। परंतु सारा हचिन्सन के प्यार ने उनकी कल्पना शक्ति को बढाया और उस समय की रचित कविताओं में प्रेरणा मिली। उनकी कविताएं 1796 ई. में प्रकाशित हुई जो कि काफी प्रसिद्धि हुई और वे लोकप्रियता की ओर बढ़ते चले गये। इससे पहले ही कॉलरिज के सितम्बर 1796 ई. में एक पुत्र हुआ जिसका नाम 'हर्टले कॉलरिज' रखा गया था। मई 1798 में उनके दुसरा पुत्र 'बर्कले कॉलरिज' हुआ। उसी समय 1798 ई. में कॉलरिज की प्रसिद्ध रचना 'Lyrical Ballad' प्रकाशित हुई जो कि विलियम वर्ड्सवर्थ के साथ लिखी गयी थी और जिसने स्वछन्दतावादी

आंदोलन को जन्म दिया। वास्तव में, दोनों लेखक उस समय उसका प्रभाव महसूस नहीं कर पाये। तब वे विलियम वड्र्सवर्थ की बहन डोरोथी के साथ जर्मनी चले गये। जहाँ पर कॉलरिज ने जर्मन दार्शनिक इमैनुएल कांट, शीलर शेलिंग आदि का अध्ययन किया। तथा इसी दौरान जब कॉलरिज बाहर गये हुए थे, उनके पुत्र बर्कले कॉलरिज की 'स्मालपॉक्स' के वैक्सीन की गलत प्रतिक्रिया के काल मृत्यु हो गयी। जिसकी वजह से कॉलरिज जल्दी ही घर लौट आये परन्तु अपने पुत्र की मृत्यु पर उन्होंने कोई विशेष प्रतिक्रिया नहीं दिखाई और चुपचाप अपने काम में लगे रहे। परंतु वहाँ के उमस भरे वातावरण में वे अनेक बीमारियों से ग्रसित हो गये तथा तत्पश्चात् अपनी आर्थिक हालत में सुधार करने हेतु 1801 ई. में उन्होंने अखबार निकालना शुरू किया।

1804 ई. में कॉलरिज 'माल्टा' चले गये, इस आशा में कि गर्म वातावरण में उनको बीमारियों से मुक्ति मिल जायेगी। कॉलरिज को आशा थी कि उनको अपनी अफीम खाने की आदत से भी मुक्ति मिल जायेगी। परन्तु ऐसा कभी नहीं हुआ। 1806 ई. में कॉलरिज वापस इग्लैंण्ड लौट आये। वहाँ आते ही पत्नी 'सारा' से तलाक के लिए कानूनी अर्जी दे दी। यद्यपि 'सारा' तलाक से बहुत नाराज थी। लगातार अफीम के प्रयोग से कॉलरिज की मनोस्थिति काफी विचलित हो गयी थी तथा बदतर होती जा रही थी। और वे मुश्किल से अपने कार्य करने में सक्षम थे। उसकी वड्र्सवर्थ से काफी अच्छी मित्रता थी परंतु उनसे कोई संपर्क नहीं रहा था। कॉलरिज ने आजीविका चलाने हेतु फिर से अखबारों में लेख लिखना शुरू किया तथा अनेक व्याख्यान देना शुरू किया। कॉलरिज के बाद का रचनात्मक कार्य एक दो नाटकों को छोड़कर काल्पनिक नहीं था और जिसको उन्होंने 'बायोग्राफिया लिटरेरिया' में संकलित किया और जो कि लगभग सभी विषयों पर लिखा गया कार्य है। अभी तक कॉलरिज अपनी अफीम की आदत को छोड़ नहीं पाये थे और वह इससे मुक्ति हेतु जेम्स गिलमेन नामक वैद्य (Apothecary) के घर चले गये तथा अफीम, जिसे वे दवा के रूप में लेते थे को कम करने में सहायता के लिए उनसे कहा एवं अफीम के विकल्प के रूप में किसी अन्य वस्तु को विकल्प बनाया। इस दौरान कॉलरिज अपने बच्चों से भी

दूर रहे, तब उनके दोस्त और संबंधियों ने कुछ आर्थिक सहायता देकर उनके पुत्र 'हर्टले' की स्कूल जाने की व्यवस्था की। कॉलरिज लगभग आठ वर्षों तक अपने बच्चों से दूर रहे। इसी समय उनके लंदन के मित्र जो उनकी संवाद क्षमता से काफी प्रभावित थे, भी उनको खोज रहे थे। कॉलरिज के भतीजे 'हेनरी नेल्सन कॉलरिज' ने कॉलरिज द्वारा संवाद (Conversational) रूप में कहे गये विषयों को 'Table Talk' नाम से प्रकाशित करवाया। कॉलरिज ने स्वयं अपनी कोई अन्य रचनाएं प्रकाशित नहीं करवाई। केवल अपनी पुरानी प्रकाशित रचनाओं को ही पुनः मुद्रित करवाते रहे ताकि उनके परिवार को कुछ आर्थिक सहायता मिलती रहे।

1825 ई. में कॉलरिज ने 'Aids to Reflection' नामक रचना प्रकाशित करवायी। 1830 ई. तक कॉलरिज की रचनाएं काफी प्रभावशाली मानी जाने लगी थी। और वे उस समय के काफी प्रभावशाली आलोचक के रूप में लोकप्रिय हो गये थे। परन्तु अभी भी वे आर्थिक रूप से कमजोर ही थे। 'रॉयल सोसाइटी ऑफ लिटरेचर' नामक संस्था से प्राप्त पेंशन भी कॉलरिज को सरकारी पहचान (Government Recognisation) के कारण छोड़नी पड़ी, जो कि कॉलरिज की आय का एक विश्वसनीय स्रोत थी।

1830 ई. के पश्चात कॉलरिज लगभग बीमार अवस्था में ही रहे तथा 25 जुलाई 1834 ई. को उनका स्वर्गवास हो गया।

कॉलरिज की अन्य मुख्य रचनाएँ हैं- कुबला खान -1797, दि राइम ऑफ ऐन्शण्ट मेरिनर - 1798, लव-1799, 'टाइम, रीयल और इमेजिनरी-1812, द नाइटिंगेल - 1798, टू विलियम वर्ड्सवर्थ 1807, डिजेक्सन एन ओड-1802, द पेन ऑफ स्लीप 1803, लिम्बो - 1817, आदि है। परन्तु सबसे प्रमुख रचना 'बायोग्राफिया लिटेरेरिथा-1817 है।

[1] Laudanum - "A solution prepared from opium and formerly used as a painkiller; compact Oxford Reference Dictionary; Oxford University Press, p.473

2

कॉलरिज: जर्मन दार्शनिकों का प्रभाव

दर्शन तथा साहित्य के आपसी संबंधों के विषय में कॉलरिज का मानना था कि तत्समय का गंभीर दार्शनिक हुए बिना कोई भी महान कवि नहीं हो सकता है क्योंकि काव्य तो सम्पूर्ण मानवीय ज्ञान, इच्छाओं, विचारों, भावों, तथा भाषा का प्रतिफल ही होता है [1]। सर्वप्रथम कॉलरिज ने इंग्लैंड के दर्शन का अध्ययन किया। तत्पश्चात अपने जर्मन निवास के दौरान जर्मन भाषा में निपुणता प्राप्त की और जर्मन दर्शन का गहन अध्ययन किया। जर्मन दार्शनिकों में वह Lessing-1729-91 ई. से काफी प्रभावित थे। Lessing की तरह कॉलरिज भी मानते थे कि 'इमेजिनेशन' (फैंसी) के द्वारा, जीनियस (टेलेंट) के द्वारा तथा प्रत्येक उच्च शक्ति अपनी निम्नतर शक्तियों के द्वारा ही अपना कार्य करती हैं। तथा कविता का निर्माण नहीं किया जाता है बल्कि कविता तो अपने आप बन जाती हैं। कवि के लिए यह जरूरी नहीं है कि वह कविता को परम्परागत नियमों की सीमाओं में रखे। परंतु कवि को अपनी परम्परा के साहित्यिक नियमों को जानना चाहिए। साथ ही रचनाकार को समाज में अपनी नैतिक जिम्मेदारी का अहसास भी रखना चाहिए क्योंकि उसकी रचनाओं का प्रभाव समाज पर पड़ता है। इस तरह कॉलरिज का कहना था कि विचार सामर्थ्य तो कविता के

लिए आवश्यक शर्त है ही परन्तु उन विचारों को रूप देते समय कवि को अपनी जिम्मेदारियों को ध्यान में रखना चाहिए। यद्यपि Lessing की तरह कॉलरिज कुछ समय तक काफी असमंजस में थे। कभी तो वे स्वच्छन्दतावाद का समर्थन करते, कभी अभिजात्यवाद का, परन्तु अन्ततोगत्वा कॉलरिज 'स्वच्छन्दतावाद' के अग्रज के रूप में उभरे।

कॉलरिज की कल्पना संबंधी धारणा के विषय में सबसे ज्यादा प्रभाव जिस जर्मन दार्शनिक का पड़ा वह था- इमैनुअल कांट। इमैनुअल कांट दर्शन के क्षेत्र में (1724-1804 ई.) प्रत्ययवादी दार्शनिक माने जाते हैं। कला, साहित्य या राजनीति किसी भी क्षेत्र में प्रत्ययवादी दार्शनिक 'सावयवी सिद्धांत' में विश्वास करते हैं तथा मन की व्याख्या करने में सावयवी सिद्धांत का अनुकरण करते हैं। जैववादी सिद्धांत के अनुसार मन का यह कार्य चेतन रूप में होता है। इस सिद्धांत के अनुसार अंग-अंगी का एक साथ उद्भव और विकास होता है। खण्डों के योग से सम्पूर्ण का विकास नहीं होता है बल्कि यह सब जैविक रूप में साथ-साथ चलता रहता है। जैववादी सिद्धांत (Organic theory) के विरुद्ध यांत्रिकतावादी सिद्धांत का मानना है कि खण्डों के योग से सम्पूर्ण का निर्माण होता है। तथा मन यांत्रिक रूप में भावों को ग्रहण एवं संचित करता रहता है तथा यह प्रक्रिया अचेतनरूप में चलती रहती है। वस्तुतः तत्समय जॉन लॉक (1632-1704 ई.) तथा हर्टले (1705-1757 ई.) के दार्शनिक सिद्धांतों का काफी प्रभाव था। इन दार्शनिकों ने मानसिक प्रक्रिया के बारे में साहचर्य सिद्धांत (Associational Theory) का निर्माण किया था। तथा मन की प्रक्रिया की व्याख्या भी साहचर्य सिद्धांत के रूप में ही थी। साहचर्य सिद्धांत और यांत्रिक सिद्धांत दोनों अन्तर्ग्रथित है। जॉन लॉक का प्रभाव तत्कालीन राजनीतिक व्याख्याओं में अधिक था। लॉक राज्य के उदारवादी सिद्धांत का प्रणेता थे। उदारवाद मानता है कि जब प्रत्येक व्यक्ति स्वतंत्र रूप से अपना आत्म विकास कर लेता है तो सम्पूर्ण व्यक्तियों के योग से राज्य का विकास स्वयमेव हो जाता है। इस तरह लॉक साहचर्य सिद्धांत तथा यांत्रिक सिद्धांत के रूप में अपने को प्रतिष्ठित करता है। साहित्य के क्षेत्र में साहचर्य सिद्धांत मानता है कि मन अचेतन रूप में भावों, संवेदनाओं

आदि को ग्रहण करता रहता है जो स्मृति के रूप में रहते हैं बाद में बिम्बों ,शब्दों, अर्थों, भावों, छन्द, अलंकारादि के योग से कवि काव्य रचना करता है। उपरोक्त साहचर्य सिद्धांत में हर्टले (1705-1757 ई.) का काफी विश्वास था। तथा वड्र्सवर्थ और कॉलरिज के पहले तक साहित्यिक क्षेत्र में यह सिद्धांत काफी प्रभावशाली माना जाता रहा था। साहित्यिक क्षेत्र में यह मान्यता काफी प्रगाढ़ थी कि रचनाकार के द्वारा पहले उप-उपांगों की रचना अलग-अलग कर लेने के बाद उनको संगठित कर दिया जाता है। अर्थात खण्डों के योग से पूर्ण का निर्माण होता है।

साहचर्यवादी (Associational) सिद्धांत तथा यांत्रिक (Mechanical) सिद्धांत के विरुद्ध विद्रोह करने में कॉलरिज को प्रेरणा जर्मन दार्शनिक कांट से मिली। कॉलरिज 'बायोग्राफिया लिटेरेरिया' में लिखते हैं "of the critique of the pure Reason, of the Judgement, of the Metaphysical Elements of Natural Philosophy, and of his Religion within the bounds of pure Reason, took possession of me as with a giant's hand."[2] कॉलरिज ने विवेक (Reason) और बुद्धि (understanding) में भेद कांट की रचनाओं से पाया। जीनियस और टेलेंट का भेद कॉलरिज वस्तुतः कांट से ही ग्रहण करते हैं- "Coleridge's dictum, that the aim of poetry is immediate pleasure, is influenced by Kant's assertion of the disinterestedness of artistic pleasure. His distinction between genius and talent, reason and understanding is also kantian in origin though he leaves Kant finally in all genius. His Essays "on the principles of Genial Criticism (1814)" no less bear a clear stamp of Kant's ideas. "The Essay of Taste (1810)" is based on Kant's "Critique of Judgement.[3] कभी-कभी कांट पर यह आरोप भी लगाया जाता है कि उसका अपना स्वयं का साहित्य कम, उधार का अधिक है। परंतु आलोचकों की यह दलील उचित नहीं है। क्योंकि कई विषयों पर कॉलरिज कांट से सहमत नहीं होते हुए अपनी स्वयं की दिशा में सिद्धांतों का निर्माण किया है। कॉलरिज का कल्पना सिद्धांत

कांट से काफी भिन्न है। कांट जहाँ मानता है कि कल्पना विवेक/ तर्क (Reason) और बुद्धि (understanding) को जोड़ती (Mediate) है, वहीं कॉलरिज का कहना है कि कल्पना विवेक (Reason) और ज्ञान (Sense) को संयोजित करने में तथा बुद्धि (Understanding) को अन्तःप्रज्ञा तथा जीवन्त शक्ति के रूप के में परिवर्तित करने में सक्षम होती है- In his specific doctrine of imagination we do not find Coleridge repeating or echoing Kant. Rather he departs from Kant. In Kant's theory the so called freedom of imagination is only a formal activity and imagination cannot enlighten us about the nature of things. But for Coleridge imagination create both the sensual and the conceptual. He does not agree with Kant about the "essential passivity of our sensible and emotional nature." he holds fast to his belief in the creative power of the imagination. Though Kant would refuse to accept it, Coleridge argues that human reason can reconcile the temporal and the transcendental. For Kant, imagination can only Mediate between reason and understanding; Coleridge found it capable of synthesizing reason and sense and also powerful enough to transform the understanding into an intuitive and living power. While his conception of the imagination may not have been radically affected by Kant, it was certainly enlarged and enriched by his study of Kant's critiques.[4]

कॉलरिज पर शीलर (1759-1805) का भी गहरा प्रभाव था। दोनों ही कांट के सिद्धांतों का सम्मान करते थे। कॉलरिज के 'On Poesy or Art' नामक निबंध में शीलर का प्रभाव स्पष्टतः दृष्टिगत होता है। "With Schiller Coleridge also pleads for reconciliation of nature and art, intellect and emotion, reason and freedom. Both believed that his synthesis will give birth to the ideal poetry..................................... Schiller believes that art originates in the unconscious and disparages contrivance and planning in the creative process, but does not ignore like the extreme romantics, the part played by the conscious. Coleridge talks about poetic genius almost in identical words when he says: "there is in genius itself an unconscious activity; may that is the genius in the men of genius'.[5]

ऑगस्ट विल्हेम श्लेगल (1767-1845 ई.) का प्रभाव कॉलरिज की मुख्य कल्पना तथा गौण कल्पना पर अत्यधिक रहा है। श्लेगल एवं कॉलरिज दोनों ही रोमांटिक कविता के समर्थक रहे हैं - "August Wilhelm described poeter as "speculation by imagination"...................... we find clear echoes of it in Coleridge's arguments against Words Worth's theory of diction....................His observations that metre checks the workings of passion by a salutary antagonism and that it is quintessential to poetry are also clearly derived from August Wilhelm Schlegel...................... Both emphasized the interdependence of matter and form, spirit and letter and held that in a work of art these are inseparable like body and soul."[6] कॉलरिज फ्रेडरिक श्लेगल (1772-1829 ई.) के दर्शन से इतना कुछ ग्रहण करता है कि अंग्रेजी दुनिया में फ्रेडरिक श्लेगल की रचनाओं की पहचान कॉलरिज को पढ़ने के बाद हुई। नव-प्लेटोवाद (Neo-Plantonism) के उपकारक एपफ. डब्ल्यू. जे. शेलिंग (1775-1854 ई.) की रचनाओं के आलोक में कॉलरिज कल्पना (Imagination) और ज्ञान Cognition) के संबंधों की व्याख्या करते हैं। अपने दर्शन की ज्ञान मीमांसा तथा तत्वमीमांसा कॉलरिज वस्तुतः शेलिंग से ही ग्रहण करते हैं- "In chapters Twleve and thirteen of Biographia Literaria Coleridge has taken over long passages from schelling to provide an epistemological and metaphysical basis for his theories........... Coleridge's "on poesy or Art" - (1818) is so much influenced by Schellings oration of 1807" concerning the Relation of the plastic Arts of nature, "that it has been called a paraphrase by Rene Wellek."[7]

कॉलरिज के सिद्धांतों पर 'नोवालिस' (Novalis) तथा लुडविंग टेक (Ludwing Tieck) जो कि जर्मन रोमांटिक विचारधारा का प्रमुख अभिवक्ता थे, के विचारों से भी काफी प्रभावित थे। कॉलरिज के ऊपर जर्मन दार्शनिकों के प्रभाव ने ही उसे कवि, दार्शनिक, आलोचक आदि की श्रेणी में बैठा दिया।

[1] No Man was ever yet a great poet, without being at the same time a profound philosopher. For poetry is the blossom and fragrancy of all human knowledge, human thoughts, human passans, emotions, language". - Coleridge, Biographia Literaria. 2 vols; 1817 / (From: Sharma; L.S. COLERIDGE : His contribution to English Criticism, p.39).

[2] S.T. Coleridge, Biographia Literaria.

[3] Sharma, S.T.; Coleridge: His contribution to English Criticism, Arnold-Heinemen Publishers, New Delhi, 1982, p.41

[4] Ibid., p.42.

[5] Ibid., p.43

[6] Ibid., p.44.

[7] Ibid., p.45

3

कॉलरिज के पूर्व कल्पना की अवधारणा

कल्पना की अवधारणा कॉलरिज के पूर्व अनेक रूपों में व्याख्यायित थी। प्लेटो कवि को अनुकर्त्ता (imitator) तथा काव्य को अनुकरण (imitation) मानते थे। प्लेटो कवि को अनुकर्त्ता मानकर उसका अपने गणराज्य से बहिष्कार की बात करते हैं। उनका कहना है कि चूँकि कवि भावनाओं को उद्वेलित कर दुर्बल बनाता है अतः राज्य तथा समाज के लिए भी उपयोगी नहीं है। काव्य, कला को सत्य से तिगुनी दूर (Thrice Removed) मानते हुए प्लेटो वस्तु के तीन रूप मानते हैं- (i) आदर्श रूप (Ideal form)। यह नित्य तथा अखण्ड होता है। इसका सृष्टा स्वयं ईश्वर है। यह परम् सत्य है। (ii) प्रत्यय (परम सत्य) का अनुकरण- वास्तविक रूप में यह आदर्शरूप का प्रतिबिंब मात्र है जो अपूर्ण सृष्टि है। (iii) अनुकृत- यह प्रत्यय (Idea) के अनुकरण का अनुकरण है, अतः यह परम सत्य से तिगुनी दूर है।

काव्य चूँकि अनुकरण का अनुकरण होने से सत्य से त्रिधा दूर होता है एवं कवि उसका अनुकर्त्ता है और यह अनुकरण भी वह ईश्वरीय

उन्माद में करता है। उल्लेखनीय है कि प्लेटो की नजर में कल्पना (प्रतिभा) आदि गौण है, केवल ईश्वरीय प्रेरणा (Inspiration) या दैवीय विक्षिप्तता (Divine madness) ही काव्य सर्जना का प्रमुख कारण है। अरस्तु (384 ई. पू. - 322 ई. पू.) कवि को अनुकर्ता तो कहता है परंतु कवि चूँकि प्रकृति की सृष्टि के समान नवीन सृष्टि करता है अतः वह कर्ता है। काव्योत्पत्ति का कारण अरस्तु मानव प्रकृति में देखता है। इनके अनुसार मनुष्य में प्रथम तो अनुकरण की सहज प्रकृति होती है। इस तरह अरस्तु कवि की कल्पना को अनुकरणात्मक मानते हुए कहते हैं कि -यदि कवि बिना अनुकरण की प्रतिभा के अनुकरण करता है, तब उसका काव्य अनिवार्य रूप से सदोष होगा[1]। अरस्तु अनुकरणात्मक प्रतिभा को उद्भावक रूप में देखते हैं। क्योंकि कवि प्रकृति की पुनः उद्भावना करता है- when the poet invents a subject, he should first draw general sketch of it........[2].

प्रस्तुत अर्थ में अरस्तु का अनुकरण प्लेटो की मान्यता से भिन्न है। प्लेटो मानते हैं कि कवि सत्य से त्रिधा (Thrice) दूर वस्तु का अनुकरण (copy) करता है। साथ ही प्लेटो काव्य को दैवीय प्रेरणा तथा भूताविष्ट मानकर कवि प्रतिभा का निषेध करते हैं। इसके विपरीत अरस्तु अनुकरण को पुनः सर्जन मानकर कवि की अनुकरणात्मक प्रतिभा का उल्लेख करते हैं-Aristotle had always considered imitation to be an imagniative, recreative, pleasure - giving idealizing, unviersalizing and beautifying process. Fact had to be imitated and fancy added to them to make them beautiful and agreeable. He never added thought of imitation as a mere carbon copy. Imagination transmutes even familiar objects. The artist puts his ideas, intuitions, perceptions, and his whole personality into the process of imitation and gives us move - much -more than life and nature. Therefore, imagination according to Aristotle, plays an important role in the creation of art"[3]. कॉलरिज के पूर्ववर्ती जॉन डाइड्रन (1631-1700 ई.) का मानना है कि कवि यद्यपि

प्रकृति/जीवन का अनुकरण करता है परन्तु वह मात्र अनुकरण (mere copy) ही नहीं करता बल्कि पुनः प्रस्तुतिकरण करता है। और इस पुनः प्रस्तुतिकरण में कवि की कल्पना शक्ति प्रमुख होती है। डाइड्रन वस्तुतः कल्पना व फैंसी को एक ही मानते हैं- "But Dryden makes no distinction between imagination and Fancy. To him both stand for the same thing"[4].

डाइड्रन के पश्चात एडिसीन (Addison 1672-1719 ई.) ने अपनी कल्पना की धरणा को कुछ नये रूप में प्रस्तुत किया। यद्यपि एडिसन के विचार लॉक से काफी मिलते है परन्तु उसने मूलतः हॉब्स (लेवियाथन) से अधिक ग्रहण किया था। एडिसन का मानना है कि सौन्दर्यतत्व हमारी कल्पना को प्रभावित करता है। कल्पना के ऊपर इनका लेख 'Pleasures of Imagination' काफी महत्वपूर्ण है। इनका कहना है कि प्रत्यक्ष हुए सौन्दर्य के आधार पर हमारी कल्पना उसका उत्कृष्ट एवं अधिक पूर्ण रूप प्रस्तुत करती है। एडिसन के काल में कल्पना की अवधरणा अधिक स्पष्ट नहीं थी। इसलिए स्वयं एडिसन ने इसकी व्याख्या सीमित रूप में की है- "In Locke the prime importance is attached to the secondary ideas. Addison twists the thread of the argument to his own purpose and applies the term imagination to the perception of visible objects as well as to the secondary ideas which flow from them"[5].

अंग्रेजी काव्यशास्त्र में बर्क का भी काफी योगदान है। बर्क का मुख्य योगदान उसके द्वारा प्रतिपादित मन की तीन शक्तियों के रूप में है। इनके अनुसार मन की तीन शक्तियाँ होती हैं- प्रथम, ज्ञानेन्द्रिय जिनके द्वारा बाहरी जगत से मन का संबंध जुड़ता है। द्विवतीय, इन्द्रियों द्वारा प्राप्त वस्तुओं के बिम्बों को सही क्रम तथा उचित रूप में प्रस्तुत करती है। तृतीय मन की विवेक शक्ति। बर्क का मानना है कि कल्पना की सामग्री प्रत्यक्ष वस्तुओं के प्रस्तुतिकरण को सीमित नहीं करती बल्कि विवेकशीलता के क्षेत्र के अन्दर ग्रहित तथा तर्क से अधिक सुदृढ़ हुए प्रत्यक्षण को और अधिक वृहत् रूप से ग्रहण करती है[6].

डॉ. सैम्युअल जॉनसन (1709-1784) का मानना था कि कल्पना स्मृति के खजाने में से विचारों को चुनती है तथा उनको उचित तालमेल के साथ, नये रूप में प्रस्तुत करती है- "Imagination selects ideas from the treasures of remembrance and produces novelty only by varied combinations[7]. जॉनसन का विशेष विचार यह है कि उसके अनुसार कल्पना केवल पुनःप्रस्तुतिकरण ही नहीं करती है बल्कि यह 'Invention' का कार्य करती है। सचमुच ही जॉनसन का यह विचार उसको कल्पना की आधुनिक धारणा के करीब ले आता है। परन्तु 18वीं सदी के पहले तक कल्पना, Imagination, रम्यकल्पना (Fancy) विवेक (Judgement)] बुद्धि (wit), Invention आदि को प्रायः एक ही अर्थ में ग्रहण किया जाता रहा है। सर्वप्रथम कॉलरिज ने ही कल्पना व फैंसी के अन्तर को गहराई से समझा तथा नये रूप में व्याख्यायित किया- "In fact the men of letters of the 18th century used the two term promiscuously and thought of them as interchangeable. They, of course canvassed quite thoroughly about creative power known by various names such as wit, fancy, imagination, judgement and invention, but imagination did not form a cardinal element in their theory of poetry[8].

[1] Aristotte: Poetics & Rhethoric (Tr. Thamas Twining, J.M. Dent & sons Ltd. London, Everymans Library 901; 2nd ed. 1953, p.51 (उद्धृत- अग्रवाल, निशा; सृजनशीलता एवं सौन्दर्यबोध, पृ-22)

[2] Ibid., p.22

[3] Shrama, L.S; Coleridge: his contribution to English criticism, p62

[4] Ibid., 62.

[5] Ibid., 63

[6] Ibid., 64

[7] Idler, no.44, (Ibid. 64)

[8] Ibid., 65.

4

कॉलरिज प्रतिपादित जीनियस एवं टेलेंट

कॉलरिज के अनुसार कोई भी तत्समय का श्रेष्ठ दार्शनिक हुए बिना महान कवि नहीं हो सकता है। वस्तुतः कॉलरिज दर्शन व साहित्य के परस्पर संबंधों के परिपेक्ष्य में ही जर्मन दार्शनिकों का गहराई से अध्ययन करते हैं। इनके मत में दर्शन तथा काव्य दोनों में ही दो विपरीत परन्तु आपस में सम्बन्धित शक्तियों के बिना आगे नहीं बढ़ा जा सकता है। कॉलरिज अपने पूर्ववर्ती दार्शनिक 'lessing' के विचारों से सहमत होते हुए मानते हैं कि उच्च शक्तियाँ निम्न शक्तियों के द्वारा कल्पना (imagination), रम्य कल्पना (Fancy) के द्वारा, जीनियस, 'टेलेंट' के द्वार अपना कार्य करती है- 'Like lessing coleridge too emphasized that the higher powers work through the lowrs; imagination through fancy, genius through talent and nature through Art"[1].

बायोग्रपिफिया लिटरेरिया के 13वें अध्याय में कॉलरिज कल्पना तथा रम्य कल्पना को व्याख्यायित करते हैं तथा वहीं पर अध्याय के आरंभ में दर्शन व कविता के संदर्भ में दो विपरीत शक्तियों की चर्चा करते हैं। कॉलरिज डेस कार्टेस के मत का उल्लेख करते हुए लिखते हैं कि कार्टेस प्रकृतिवादी होने के नाते तथा आर्किमीडिज के अनुसरण में

कहता है कि मुझे पदार्थ और गति दीजिए मैं तुम्हें ब्रह्मण्ड की सर्जना करके दूँगा। यहाँ पर कार्टेस का भावार्थ ज्ञानशक्ति से ब्रह्माण्ड की रचना करने से हैं। इसी समान भाव को एक दार्शनिक कहता है-आप मुझे दो विपरीत शक्तियों से युक्त, जिसमें से एक शक्ति असीमित तथा दूसरी सीमित शक्ति तक विस्तृत शक्ति प्रकृति प्रदान कीजिए मैं उनके पुनप्रस्तुतिकरण के विकास क्रम के साथ ज्ञान जगत (world of intelligences) का निर्माण कर दूँगा। एक दार्शनिक पहले से अनुमानित तथा जो पहले से अस्तित्व में है और पूर्ण है, ऐसे ज्ञान को एक 'दार्शनिक विकास' में तब्दील कर देता है। विज्ञान तो चीजों को पहले से अनुमानित मानते हुए वस्तुनिष्ठता पर जोर देता है परन्तु एक दार्शनिक बौद्धिक आधार पर ब्रह्माण्ड की रचना तथा विकास क्रम निश्चित करता है। उपरोक्त व्याख्या Konenigsberg के चिंतन में प्राप्त होती है जो उन्होंने1763 ई. में अपने एक निबंध-"On the introduction of negative quantities in philosophy में लिखी थी। इस निबंध में उन्होंने दर्शाया है कि तत्त्वमीमांसा ने शुद्ध विज्ञान पर प्रहार किया है, अतः यह तत्त्वमीमांसक के लिए जरूरी हो जाता है कि वह ऐसे ज्ञान के क्षेत्र की खोज करें जो मानव अभी तक शुद्ध विज्ञान में खड़ा करने में सक्षम हुआ है।

गणितिय पद्धति का अनुसरण डेविड ने भी अपने निबंध में करने की कोशिश की जो सफल प्रयोग न हो सका। दूसरा प्रयोग, स्थिति का वास्तविक अनुप्रयोग करने के लिए आया जिससे ज्यामिति के आविष्कारों का दर्शन के विषयों पर प्रभाव फैल गया।

उपरोक्त संदर्भ में कथनीय यह है कि कॉलरिज जिसने कल्पना व फैन्सी (जीनियस व टेलेट) तथा मुख्य कल्पना व गौण कल्पना में जो अन्तर किया है तथा जिस स्तर पर किया है उसका एक दार्शनिक आधार है और दार्शनिकता का यह स्तर वह विभिन्न दार्शनिकों के गहन अध्ययन से प्राप्त करता है।

जीनियस एवं टेलेंट (Genius and Talent)

कॉलरिज के जीनियस एवं टेलेंट पर विचार बायोग्रापिफया लिटरेरिया तथा 'The friend' नामक निबंध में मिलते हैं। उनके विचार

में वैयक्तिक बुद्धि (Intellects of individuals) की चार विशेषताएं होती हैं- जीनियस (प्रतिभा), टेलेंट (प्रज्ञा), ज्ञान (sense) और बुद्धिवमता। 'जीनियस' मानवीय ज्ञान और शक्ति (Human knowledge and power) के संचित गृह में कुछ नये विचारों को संयोजित करती है[2]। अपने निबंध ''The Friend'' में कॉलरिज जीनियस को परिभाषित करते हैं- "Originality in intellectual contruction, the moral accompaniment and actuating principle of which consists, perhaps, in the carrying on the freshness and feeling of childhood into the power of manhood"[3]. कॉलरिज का कहना है कि विश्व को नई दृष्टि प्रदान करने वाले मस्तिष्क पुराने और नये मतभेदों को सुलझाता है तथा अतीत को नयी अनुभूति के साथ देखता है। जीनियस की विशेषता होती है कि वह मनुष्य की शक्तियों को सादगी के साथ स्थापित करती है[4]। जीनियस सबल भावों को नवीनता के साथ उत्पन्न करती है साथ ही यह निरर्थक कारणों से सार्वभौमिक स्वीकृति के द्वारा पुराने व स्वीकृत सत्य को नवीनता प्रदान करती है- "Genius ...." produces the strongest impressions of novelty, while it rescues the stalest and most admitted truths from the impotence cause by the very circumstances of their universal admission"[5].

जीनियस सर्वहित के जटिल सत्य को, जो अज्ञात है एवं अनसुलझा है, जो अपनी प्रबलता एवं सुन्दरता खो चुका है, को पुनर्जीवित करती है, नवीनता प्रदान करती है तथा प्रकाशित करती है - "Genius resurrects, glorifies, and refrehser the most awful and mysterioius truths of universal interests which have lost all their force and beauty and lie" bedridden in the dormitory of the woul, side by side with the most despised and exploded errors"[6].

टेलेंट के विषय में कॉलरिज का कहना है कि टेलेंट पहले से अस्तित्व में रहे तथा दूसरों के द्वारा पहले से बताये गये ज्ञान तथा चीजों को व्यवस्थित तथा क्रियान्वित करने वाली स्वभाविक योग्यता है- "By talent Coleridge means, "the comparative facility of acquiring, arranging, and applying the stock furnished by others and already existing in books or others and already existing in books or other conservatories of intellect"[7]. कॉलरिज जीनियस को स्वभाविक तथा जैविक शक्ति मानते हैं तथा टेलेंट को ऐसी शक्ति के रूप में ग्रहण करते हैं जिसका कार्य यंत्रीय सिद्धांत के अनुसरण में तथा जो अर्जित योग्यता है। जीनियस में साधन और साध्य उनके नैतिक और वास्तविक धर्म के रूप में पहचाने जाते हैं[8]। इस संबंध में कॉलरिज 'The Friend' नामक निबंध में लिखते हैं- "To possess the end in the means, as it is essential to morality in the moral world, and contra-distinction of goodness from mere prudence, so is it, in the intellectual world, the moral constituent of genius, and that by which true genius is contra-distinguished from mere talent[9]।

टेलेंट से युक्त व्यक्ति अधिक बुद्धिमान और अधिक समझदार होता है तथा नैतिकता के बजाय भविष्य की चिंता करने वाला होता है एवं आवश्यकता में विश्वास करता है। और उन साधन मूल्यों में विश्वास करता है जो उसके लक्ष्यों और सपनों का भौतिक रूप प्रदान कर सकें। अपने लक्ष्यों में वह बहुसंख्यकी मानवता से अलग नहीं होता है यद्यपि यदा-कदा उसके विचार क्रान्तिकारी हो सकते है [10]। जीनियस उस पवित्र नदी की तरह होती है जो अचेतन के अज्ञात, दूरूह, अथाह तथा गतिशील गहराई में ईमानदारी और पवित्रता नामक दो किनारों के मध्य बहती है। सभी महान तथा शाश्वत साहित्य और सभी कलाएं अचेतन जीनियस की गहराईयों से निर्मित होती हैं[11]। कॉलरिज के शब्दों में- "To make the external internal the internal external, to make nature thought and thought nature, - that is the mistery of genius in the fine arts. Dave I add the genius must act on the feeling, that body is but a striving to become mind- that is the mind in its essence .... In every work of art there is a reconcilement of the external with the internal; the conscious is so impressed on the unconscious as to appear in it............He who combines the two is the man of genius; and for that reason he must partake of both. Hence there is in genius itself an unconscious activity, may that is the genius in the men of genius."[12]

जीनियस ही रचनात्मक प्रकृति का साधन है। यह अन्तर्ग्रंथित होती है तथा नियमों से आबद्ध नहीं होती है। यह निर्माणात्मक होती है, केवल पहले से अस्तित्व में रहे की नकल मात्र नहीं करती है। यह पर्वतीय वायु की तरह स्वच्छन्द तथा असीमित होती है। जीनियस का कार्य हमेशा अनिर्धारित (unpremeditated), अनैच्छिक (unconventional), पूर्व में नहीं सोचा गया (impulsive), तथा स्वाभाविक योग्यता पर आधरित होता है न कि पूर्व प्रशिक्षण के द्वारा। जीनियस स्वयं अपने नियमों से संचालित होती है। प्रतिभा स्वयं प्रकाशित तथा स्वसाक्षित होती है, जैसे कि सत्य होता है। प्रतिभा में यह स्वभाविक योग्यता होती है कि वह सद्गुण तथा मिथ्या में वास्तविक तथा आकर्षक परंतु अवास्तविक शाश्वत् तथा नश्वर में भेद कर सके[13]। कॉलरिज का मानना है कि जीनियस अपना कार्य टेलेंट के अभाव में सम्पन्न नहीं कर सकती है। जिस तरह इमजिनेशन के लिए फैंसी का होना आवश्यक है तथा उच्च शक्तियों के कार्य करने के लिए निम्न शक्तियों का होना, उसी तरह जीनियस के लिए टेलेंट का होना आवश्यक है- "Genius must have talent as its complement and implement, just as, in like manner, imagination must have fancy. In fact the higher intellectual powers can only act through a corresponding energy of the lower"[14]। कॉलरिज का मानना था कि जीनियस होती है। प्रतिभा से युक्त होना सार्वभौम होना है। यह केवल अपने को जानना ही नहीं, जबकि यह प्रतिबिंबित होती है न केवल हमारे आसपास के चेहरों से, चीजों से तथा हमारे सभी सहचारी प्राणियों से बल्कि फूलों, पेड़ों, जानवरों, जलसतह, तथा रेगिस्तान में उत्पन्न ध्वनियों सभी से प्रतिबिंबित होती है[15]। कॉलरिज कल्पना को जीनियस का आवश्यक अंग मानते हैं। प्रतिभा ही वह शक्ति है जो व्यक्ति की सभी शक्तियों के मध्य समन्वय लाती है। प्रतिभा से युक्त

कलाकार में 'Sense and Sensibility', सादगी (simplicity) और अन्तर्दृष्टि (produndity), चेतनता और अचेतनता सभी का समावेश उसके व्यक्तित्व में होता है[16]। कॉलरिज "Table Talk (May 1833)" में लिखते हैं- "Genius of the highest kind implies an unusual intensity of the modifying power which detached from the discriminating power, might conjure a platted straw into a royal diadem; but it would be at least as true that great genius is most alien from madness - vet, divided from it by an impassable mountain"[17]।

प्रतिभा वस्तु के अज्ञात तथा अक्रियाशील गुणों को प्रकाशित करती है। बायोग्राफिया लिटेरिरिया में कॉलरिज लिखते हैं- "Like the moisture or the polish on a pebble, genius neither distorts nor false-colours it objects, but on the contrary brings out many a vein and many a tint, which escape the eye of common observation, thus raising to the rank of gems what had been often kicked away by the hurrying foot of the traveller on the dusty high road of custom"[18].

टेलेंट के विषय में कॉलरिज का मानना है कि यह यांत्रिक और निर्माणात्मक शक्ति से मुक्त होती है। जीनियस जैविक रूप से अपना कार्य करती है जबकि टेलेंट यांत्रिक रूप से अपना कार्य करती है। टेलेंट को कॉलरिज दूसरों के द्वारा या पहले से उपस्थित ज्ञान को पुनस्थार्पित करने वाली मानते हैं जबकि जीनियस सब कुछ नव-नव उत्पन्न करती है। फैंसी के समान टेलेंट भी Associative, Aggregative तथा Combinatory होता है। यह दूसरों के द्वारा ज्ञात ज्ञान को प्रयोग में लाती है। तथा पूर्व में किये गये कलात्मक कार्यों का अनुकरण करती है। यह अभ्यास तथा कठिन परिश्रम के द्वारा अर्जित की जा सकती है[19]।

[1] Sharma; L.S, Coleridge: His contribution to English criticism, p.40

[2] He considered the qualities of intellect of individuals and countries under four kinds - genius, talent, sense and

cleverness. By genius he means the faculty which by new ideas adds something to the accumulated fund of human knowledge and power - Sharma, L.S., Coleridge: His contribution to English criticism, p. 137.

[3] Coleridge; The Friend; Section Ii; Essay I, p.280 (Quoted from: Sharma, L.S.; Coleridge: his contribution to English criticism, p.137-138

[4] Coleridge observes that................wonder of a child. - Sharma L.S., Coleridge; His contribution to English criticism, p.138.

[5] Coleridge: The Friend; Section II; Essay I; p66 (Quoted from, Sharma, L.S. p.138).

[6] Ibid.

[7] Ibid.

[8] Sharma L.S. Coleridge: his contribution to English criticism, p.138.

[9] Coleridge; The Friend; Section II; Essay I; p.278 (Quoted from: Sharma, L.S., Coleridge: His contribution to English Criticism, p.139).

[10] A man of talent is worldly wise, more prudent than good and believes in expedients, and values the means which can materialise his ambition and dreams. In his ends he does not differ from the common mass of mankind though his means may be revolutionary...............desires. ____ Sharma, L.S., Coleridge: His contribution to English criticism, p.139.

[11] Ibid.

[12] Coleridge; Biographia Literaria II, p.258 (Quoted : Sharma; L.S; Coleridge: His contribution to English Criticism, p.139).

[13] "Genius is the vehicle for the expression of creative nature. It is inscrutable and immune from rules imposed from without. It creates work for which there exist no

protogypes. The performance of genius is above judgement; it does not abide questionings, it is free and unshackled like the mountain winds. The works of genius are always unconventional, unpremeditated, involuntary, impulsive, and instinctive and brook no interference. Genius acts under its own laws. Genius is its own light and evidence as truth is. It has an in native ability to distinguish the genuine from the spurious, the pure from the meretricious, the durable and immortal from the fashionable and transitory". - Sharma, L.S.; Coleridge: His Contribution to English Criticism, p.140.

[14] Coleridge, S.T., Table Talk; April 20, 1833. (Quoted : Sharma, L.S., Coleridge: His Contribution to English Criticism, p.141.)

[15] "To have a genius", he says, "is to live in the universal, to know no self but that which is fellow-creatures, but reflected from the flowers, the trees, the beasts, yea from the very surface of the waters and the sounds of the desert.

-Philosophical Lectures; Ed. K. Coburn, p.179 (Quoted Sharma, L.S. p.142.)

[16] Sharma, L.S., Coleridge: His contribution to English Criticism, p.142.

[17] Coleridge; Table Talk; May I, 1833, (Quoted: Sharma, L.S., p.142.)

[18] Coleridge; Biographia Literaria; II, p.121 (Quoted : Sharma, L.S., p.143).

[19] "Talent is Mechanical and Manufactured and may be called the 'The Faculty of appropriating and applying the knowledge of other (coleridge). Like Fancy it is associative, aggregative and combinatory. It is borrowed knowledge and imitates the earlier works of art. It is acquired by hand labour over a long period. It is learning and is, therefore,

transferable. The distinction between genius and talent is yet another attempt of coleridge to keep assciatinist and empirical thought to a subordinate position, much inderior to the idealistic system. - Sharma, L.S., p.1433.

5

सर्जनात्मक कल्पना

कल्पना 'बायोग्राफिया लिटेरेरिया' का मुख्य विषय रहा है। 'बायोग्राफिया लिटेरेरिया' के प्रथम भाग के अध्याय IV तथा अध्याय VIII में कॉलरिज ने कल्पना का विस्तृत विवेचन किया है। 'प्रिफेस टू लिरिकल बैलड्स' से ज्ञात होता है कि वर्ड्सवर्थ के द्वारा रम्यकल्पना तथा कल्पना के कार्य में विशेष भेद नहीं किया गया। 18वीं सदी के पूर्ववर्ती साहित्यालोचकों के द्वारा पफैंसी व अमेजिनेशन को समानार्थक रूपप में ग्रहण किया गया है। सर्वप्रथम कॉलरिज ने दोनों का गहन विश्लेषण कर दोनों के कार्य व संरचना में भेद किया। यद्यपि कॉलरिज द्वारा किया गया विभाजन सभी काव्यशास्त्रियों द्वारा मान्य नहीं रहा है। इस विषय में वाल्टर पाटट का कहना है कि फैन्सी व इमेजिनेशन में केवल मात्रा का भेद है, प्रकार का नहीं। जबकि कॉलरित का मानना है कि यह प्रकार भेद (Distinction of kinds) है, जो कि समझने में काफी कठीन है। बाद में टी. एस. इलियट ने भी कहा कि 'इमेजिनेशन' व फैन्सी' में प्रकार भेद नहीं है तथा कॉलरिज ने दोनों में अन्तर को सिद्ध नहीं किया है। कॉलरिज का यह भेद मात्र आरोपित है- T.S. Eliiot joins in the censure of the distinction in kind, saying that coleridge has not proved it, and has done no move than to impose it[1].

लिविंगस्टोन लॉवेश का भी मानना है कि 'इमेजिनेशन व फैन्सी' में मूलतः प्रकार भेद नहीं होता है। लावेश कहता है कि इमेजिनेशन, Aggregative अथवा Assimilative शक्ति से युक्त फैन्सी की तीव्र शक्ति होती है[2]। लावेश का झुकाव भी 'Hertleian' की मानसिक क्रियाशील क्रियाशीलता के सिद्धान्त की तरफ था, जो मानता था कि ' Fancy' प्रबल मनःशक्ति (Predominant faculty) होती है और एक मात्र मन शक्ति होती है, ज्ञानयुक्त होती है- "Mr. Lowes's approach tends towards a Hartleian view of mental activity, in which the Fancy is the predominant faculty and is the only faculty which is knowledge[3].

वस्तुतः 'वर्डस्वर्थ' से पहले विचार और भाव में बड़ी खाई मानी जाती रही थी। परंतु सबसे पहले इनके संबंध को वर्डसवर्थ ने समझा। वर्डसवर्थ कविता को परिभाषि करते हुए कहते हैं कि - "Poetry is the spontaneous overflow of powerful feelings; it take its origin from emotion recollected in tranquillity; the emotion is contemplated till by a species of reaction, the tranquillity gradually disappears, and an emotion, kindred to that which was before the subject of contemplation, is gradually produced, and does itself actually exist in the mind. In this mood successful composition generally begins, and, in a mood similar to this it is carried on; but the emotion of whatever kind and in whatever degree, from various causes, is qualified by various pleasures, so that in describing any passion, whatsoever, which are voluntarily described, the mind will upon the whole be in a state of enjoyment[4]. वर्डस्वर्थ की कविता की परिभाषा स्वच्छन्दतावादी प्रवृति को उद्घाटित करती है- 'काव्य प्रबल भावों का सहज उच्छलन है।' वर्डसवर्थ की कविता की परिभाषा वस्तुतः काव्य सर्जन की प्रक्रिया की अधिक व्याख्या करती है। कॉलरिज का यद्यपि वर्ड्वर्थ से अनेक बातों पर मतभेद रहा है परंतु बायोग्राफिया लिटरेरिया में वर्डसवर्थ का पक्ष स्वीकार किया गया है। वर्ड्सवर्थ ने माना की कल्पना की शक्ति से एकीकरण व सामजस्य

की शक्ति उत्पन्न होती है। कॉलरिज ने वर्डसवर्थ के इन विचारों को उच्चतम दार्शनिक दृष्टि से देखा तथा कल्पना को समन्वयकारिणी शक्ति कहा।

कॉलरिज कल्पना को विचार तथा भाव का, पदार्थ तथा चेतना का समन्वय करने वाली शक्ति मानते हैं। जर्मन दर्शन के प्रभाव में कॉलरिज कल्पना को जैविक अन्विति रूप में सर्जनशील शक्ति मानते हैं। कॉलरिज कल्पना के दो भेद करते है-मुख्य कल्पना तथा गौण कल्पना। कल्पना या तो मुख्य होती है या गौण होती है। कालरिज कहते हैं कि- 'मैं मानता हूँ कि मुख्य कल्पना सम्पूर्ण मानव ज्ञान की सजीव शक्ति ओर मुख्य साधन है तथा सीमित मन में असीम सता की शाश्वत् सर्जन शक्ति की पुनरावृति है। मेरे अनुसार गौण कल्पना मुख्य कल्पना की प्रतिध्वनि है जिसका अस्तित्व है, जिसका चेतन सत्ता के साथ सह-अस्तित्व है'। फिर भी साधनता के प्रकार में कल्पना के जैसी ही समझी जाती है और अन्तर केवल मात्रा तथा कार्य पद्धति में है। पुनर्रचना हेतु इसका विलियन बिखराव, विसरण अथवा जहाँ पर यह प्रक्रिया असंभव प्रतीत होती है, तब भी यह संघर्ष करती है, आदर्शकरण और एकीकरण के लिए। यह आवश्यक रूप से सजीवी होती है यद्यपि इसके सभी विषय सुनिश्चित ओर निर्जिव होती है- The imaginatin then I consider either as primary, or secondary. The primary Imagination I hold to be the living power and prime Agent of all human prception, and as a reprtition in the finite mind of the eternal act of cretion in the infinite I am. The secondary I consider as an echo of the former co-existing with the conscious will, yet still as identical with the primary in the kind as identical with the primary in the kind of its gency, and differing only in degree, and in the mode of its operation. It dissolves, diffuses, dissipates in order to re-create; or where this process is rendered impossible, yet still at al events it struggles to idealize and to unify. It isessentially vital, even as all objects (as objects) are essntially fixed and dead"[5].

[1] Wheeler, Kathleen M.; Sources, processes and methods in Coleridge's Biographia Literaria, Combridge University, 1980, p.134.

[2] "Mr. Lowes says that imagination is only an intenses power of fancy, that is the aggregative or assimilative power. - Livignston Lowes, Road to Xanadu (London: 1927), p.103) (Quote4d: Wheeler Kathleen M; Sources, Processes and Methods In Coleridge's, Biographia Literaria, p.134.

[3] Quoted: Wheeler Kathleen M.; Sources, Process and Methods in Coleridge's Biographia Literaria p.135.

[4] Wordsworth, Preface to Lyrical Ballads.

[5] Coleridge; Biographia Letiraria, Ch.XIII.

6

मुख्य कल्पना

मुख्य कल्पना (Primary Imagination) दैनिक जीवन में सम्पूर्ण ज्ञान की मुख्य घटक होती है। सामान्य व्यक्ति मुख्य कल्पना के द्वारा बाहरी संसार को ग्रहण करता है। मुख्य कल्पना सामान्य ज्ञान है जो इन्द्रियजगत को प्रस्थापित करती है तथा व्यक्ति प्रतिदिन के जीवन में बाहरी जगत के अनुभव ग्रहण करता है। मुख्य कल्पना के माध्यम से मानव की चेतना शक्ति सक्रिय होती है जिससे वह बाह्य जगत से सम्पर्क साधती है। मुख्य कल्पना सचेतन नहीं होती है, यह मस्तिष्क की अनायास तथा निरन्तर प्रक्रिया है। यद्यपि यह बाह्य जगत से जुड़ी हुई होती है तथापि बाह्य जगत का अनुसंधान करती रहती है अर्थात् वस्तु जगत की प्रत्येक वस्तुओं को समझते हुए मानस पटल पर अंकित करती रहती है। इस रूप में यह सम्पूर्ण लौकिक कार्यजगत का आधार है। वस्तुतः मुख्य कल्पना जनसामान्य में भी होती है। यह सर्जना शक्ति का वह रूप है जो प्रतिव्यक्ति को अन्तर्दृष्टि प्रदान करती है। इस प्रकार यह सार्वभौम/शाश्वत् रचना प्रक्रिया की पुनरावृत्ति करती है। मुख्य कल्पना में वास्तविक सर्जना की वह शक्ति नहीं होती जिससे काव्य रचना संभव हो। यह इस अर्थ में सर्जनशील होती है कि यह बाहरी दृश्यजगत को अपने आप में दृश्यमान बनाती है। इस तरह मुख्य कल्पना अचेतन रूप में कार्य करती है। इसलिए यह - मानव ज्ञान की सजीवी शक्ति और मुख्य साधन है। क्योंकि इसके बिना कुछ भी

प्रत्यक्षण सजीव नहीं है। सभी मानसिक व्यापार मुख्य कल्पना से ही संचालित होते है, जो कि अनुभव जगत की आधारभूत एवं आवश्यक दशाएं हैं। यह बाह्य जगत और आन्तरिक जगत के मध्य संयोजक कड़ी है जो कि वाह्य वस्तु जगत की तुलना गौण कल्पना से करती है। कॉलरिज की कल्पना की परिभाषा की मनोवैज्ञानिक व्याख्या करने पर हम इस निष्कर्ष पर पहुचते है कि मुख्य कल्पना सामान्य व्यक्ति जो कि जीवन के उच्च मूल्यों की बजाय प्रतिदिन के जीवन की समस्यों से चिंतित रहता है, के इन्द्रिय जगत के प्रत्यक्षण का प्रस्तुतिकरण करती है[1]। कॉलरिज के अनुसार मस्तिष्क अपने आप में गतिशील है तथा विविध भावों को समायोजित करता है। मुख्य कल्पना विविध भावों को रूप, आकार, तथा वैयक्तिता प्रदान करती है। यह भावों को मूर्तरूप/वस्तुरूप प्रदान करती है। यह पुरानी विपक्षी मान्यताओं को नष्ट करती है और उनके बीच के द्वन्द्वों को समाप्त करती है-Coleridge is convinced that the mind is very dynamic in nature and is not a passive receptacle. It brings together the varied data of sense. Only sensation is not the whole of perceptual awareness. The primary imagination gives a orm, a shape, an individuality to the varied impression. It elevates the "words" into "the thing", and destroys the oldanti-thesis, the old dualism between the two. In the activity of Fancy the images are unrealted and have no necessary origination from the poetic imagination. The exist only at the level of primary imagination. Thus in a way fancy alsoi belongs to the primary imagination."

फैंसी के द्वारा मस्तिष्क में बनाये गये बिंब सर्जनात्मक कल्पना से संबंधित नहीं होते है और न ही उत्पन्न होते हैं। ये केवल मुख्य कल्पना के स्तर पर ही अस्तित्व में रहते हैं, अतः इस अर्थ में फैंसी तथा मुख्य कल्पना आपस में संबंधित हैं।

[1] When we analyse this interpretation of Coleridge's the .... primary imagination is normal percetion producing the usual world of senses for the common man

who is more concerned with the problems of every day existence than with the higher values of life. - Sharm, L.S.; Coleridge: His contribution to English Criticism, p.78.

7

गौण कल्पना

कॉलरिज कवि प्रतिभा व सामान्य जन की प्रतिभा में अन्तर करते हैं। मुख्य कल्पना आवश्यक रूप से व्यवहारिक होती है। यद्यपि यह व्यवहारिकता से युक्त होती है परंतु मूल्यों के प्रति सचेत नहीं होती है। मुख्य कल्पना निर्माणात्मक होती है वही गौण कल्पना (Secondary Imagination)विध्वंसात्मक और विघटनात्मक होती है[1]। यह विध्वंसात्मक एवं विघटनात्मक इस अर्थ में होती है कि यह उपलब्ध सामग्री का अुनकरण मात्र न करके उनका विघटन कर सब कुछ नव-नव रूप में सर्जित करती है। अतः कॉलरिज इसके लिए Esemplastic imagination" शब्द का प्रयोग करते हैं[2], जिसका अर्थ समायोजनात्मक कल्पना और जो मुख्य कल्पना के व्यवहारिक जगत का विघटन कर विचार भूमि के स्तर पर पुनः सर्जना करती है। यह हमेशा आदर्शीकरण तथा गठन (Idealize and to unify) के मध्य संघर्ष है- The latter is the secondary imagination or the esemplastic imagination which is a "dissolvement of the utilitarian world of the primary, and a re-creation at a levelof contemplative interest;, it is always a struggle to idealize and to unify"[3]. कॉलरिज का यह मानना है कि गौण कल्पना विरोधी शक्तियों को संयोजित करती है, उसके सिद्धांत की प्रमुख विशेषता है। कॉलरिज की कल्पना की धारणा उसकी ज्ञान प्रक्रिया

व चेतनता सिद्धांत से जुड़ा है जिसे कॉलरिज वस्तुजगत व चिंतन जगत का संयोग कहता है[4]।

वस्तुजगत से कॉलरिज का तात्पर्य प्रकृति मस्तिष्क के द्वारा जानने की प्रक्रिया में जो जाना जाता है से तथा चिन्तन जगत से तात्पर्य स्व अथवा ज्ञान से है। जानने की यह क्रिया अथवा निर्माण की क्रिया केवल तभी संभव है जब ऑब्जेक्ट व सब्जेक्ट का संयोग हो और इस कार्य में ऑब्जेक्ट व सब्जेक्ट इस तरह से मिले होते हैं कि हम उनकी वरियता निर्धारित नहीं कर सकते कि कौन-सा, किससे, किस क्रम में जुड़ा है। यह वह स्थिति है जहाँ पर न कोई प्रथम है न कोई द्विवतीय। दोनों आपस में एकमेव हो जाते हैं[5]।

कॉलरिज मानता है कि गौण कल्पना अनैच्छिक रूप से अपना कार्य नहीं करती है परन्तु तब भी वह मानवीय इच्छा पर निर्भर रहती है।

यह पुननिर्माण के क्रम में पुरानी चीजों तथा मान्यताओं का विघटन, विखण्डन करती है और स्थापित चीजों को तितर-बितर करती है तथा उन्हें नष्ट करती है एवं मुख्य कल्पना द्वारा प्रदान सामग्री को केवल जोड़तोड़ के बल पर खड़ा नहीं करती है बल्कि इसके पुननिर्माण में सब कुछ नवीन होता है। जैसा कि कॉलरिज मानता था कि बड़ी शक्तियाँ अपनी निम्नशक्तियों के बल पर अपना कार्य सम्पन्न करती हैं, उसी तरह इनके मत से गौण कल्पना भी अपनी आधार सामग्री मुख्य कल्पना से ही ग्रहण करती है।

मुख्य कल्पना के मुख्य रूप से तीन कार्य हैं[6]-

(1) आदर्शीकरण (Idealization)

(2) पुननिर्माण (Recreation)

(3) संयोजन (Unification)

सजीवता एवं क्रियाशीलता में गौण कल्पना, मुख्य कल्पना के समान ही होती है। वह भी ऐन्द्रिय संवेदनों की अस्तव्यस्तता को दूर कर उनमें व्यवस्था लाती है किन्तु दोनों में अंतर यह है कि जहाँ मुख्य कल्पना का काम सहजभाव से, अनजाने ढंग से चलता रहता है वहाँ गौण कल्पना का काम ज्ञानपूर्वक, इच्छापूर्वक होता है। इन्द्रियग्राह्य वस्तुओं के आकार-प्रकार का यथार्थ तथा विशिष्ट चित्र मन में अंकित

हो, इसके लिए हमें कोई प्रयास नहीं करना पड़ता। यह प्रक्रिया बिना हमारे जाने-बूझे या यों कहें कि अनचाहे, निरंतर चालू रहती है। इसका श्रेय मुख्य कल्पना को है। परन्तु जब कलाकार कोई कलाकृति (कविता, चित्र आदि) तैयार करना चाहता है तो उसे भी कल्पना का सहारा लेना पड़ता है। यह कला-विधायिनी कल्पना ही गौण कल्पना के नाम से पुकारी जाती है। गौण कल्पना बाह्य जगत से प्राप्त ऐंद्रिय संवेदनों को नये रूप में ढालकर उन्हें नयी आकृति प्रदान करती है और रमणीयता का आवरण चढ़ाकर उसे मोहक बना देती है। गौण कल्पना मुख्य कल्पना की तरह अनजाने, अनचाहे काम नहीं करती बल्कि उसका सारा व्यापार इच्छा और ज्ञान से परिचालित होता है। दूसरी चीज यह कि मुख्य कल्पना केवल प्रत्यक्षाश्रित है किन्तु गौण कल्पना आत्मा, बुद्धि, ज्ञानेन्द्रिय-पंचक, इच्छा, भाव सबकी सहायता लेती हुई कला-सर्जन में प्रवृत होती है। मुख्य कल्पना के द्वारा जो भी प्रत्यक्ष ज्ञान प्राप्त होता है उसे गौण कल्पना गला, घुला मिलाकर बिल्कुल नया घोल तैयार करती है और कलाकार की रूचि तथा इच्छा के अनुसार उसे नया रूप प्रदान करती है। जैसे सुनार सोने को गलाकर उसे विविध आभूषणों में रूपान्तरित कर देता है वैसे ही गौण कल्पना मुख्य कल्पना द्वारा प्रस्तुत उपादानों को नूतन रूप में ढालकर अभीष्ट कलाकृति में परिणत कर देती है। तात्पर्य है कि दृश्य जगत में परिणत कर देती है। अर्थात दृश्य जगत की सामान्य वस्तुएं ही गौण कल्पना के योग से विशिष्ट और रमणीय बन जाती हैं। इसके लिए गौण कल्पना को संश्लेषण की प्रक्रिया अपनानी पड़ती है[7]।

[1] Sharm, L.S.; Coleridge: His contribution to English Criticism, p.80

[2] Coleridge; Biographia Letiraria, Ch.XIII

[3] Coleridge, S.T. (Quoted; Sharma, L.S.; Coleridge: His Contribution to English Criticism p.81).

[4] Ibid., p.81.

[5] Coleridge's 'Object is Nature: What is Know by the Mind in the act of knowing. His subject is the self or

Intelligence. The activity oif knowing (or making or being) is possible only by the coalescence of the two. "During the act of knowledge itself, the objective and subjective are so instntly united, that we cannot determine to which of the two the priority belongs. There is here no first, and no second; both are co-instantaneous and one". - Ibid., p.81.

[6] Ibid., p.87

[7] शर्मा, देवेन्द्र; पाश्चात्य काव्यशास्त्र, मयूर पेपर बैक्स, नोएडा, सं. 2004, पृ.140-141.

8

रम्य कल्पना

रम्य कल्पना (Fancy) ग्रीक शब्द Phantasia से बना है। प्रारम्भ में फैन्सी की जगह Fantasia शब्द प्रचलित था। कॉलरिज के पूर्ववर्ती साहित्यालोचक (18वीं सदी) फैंसी और कल्पना के अर्थ तथा दोनों के बीच के अंतर को स्पष्ट रूप में नहीं देख पाये थे। कभी फैंसी को मुख्य सर्जक शक्ति तो कभी कल्पना को श्रेष्ठ माना जाता रहा। परन्तु कॉलरिज ने सिद्ध किया कि कल्पना और रम्यकल्पना दोनों भिन्न शक्तियाँ है। वस्तुतः कॉलरिज द्वारा 'Fancy और imagination' का भेद दर्शन का भेद है। कॉलरिज प्रत्ययवादी आलोचक है। इनका कल्पना सिद्धांत भी जर्मन प्रत्ययवाद से प्रभावित है। इसलिए काव्यशास्त्रीय चिंतन में आदर्शवादी प्रवृति को सबलता कॉलरिज जैसे स्वच्छन्दतावादी लेखक से बहुत अधिक मिलती रही। राजनीतिक दर्शन में समझौतावादी विचारकों जॉन लॉक आदि के प्रभाव से काव्य में यांत्रिकतावादी सिद्धांत के अनुसार मन की व्याख्या की जा चुकी थी। यंत्रवादी सिद्धांत के अनुसार पहले उप-उपांगों की रचना अलग-अलग कर लेने के बाद उनको संगठित कर देते हैं। अर्थात् खण्डों के योग से पूर्ण का निर्माण होता है। काव्यशास्त्र में यंत्रवादियों का मानना है कि कवि पहले यांत्रिकता से संवेदनाओं को बिम्बों स्मृतियों आदि के रूप में संचित कर लेता है, तत्पश्चात् खण्डों के योग से पूर्ण की रचना करता है।

यंत्रवादी तथा साहयर्चवादी सिद्धांत के प्रतिरोध में कॉलरिज कहते हैं कि खण्डों का अलग-अलग निर्माण नहीं होता बल्कि उनकी उत्पत्ति एवं विकास साथ होता है। जिस तरह एक वृक्ष का विकास जैविक रूप में होता है उसी तरह काव्य की उद्भावना भी समग्र एवं जैविक रूप में होती है।

उपरोक्त यंत्रवादी एवं साहचर्य सिद्धांत के परिपेक्ष्य में कॉलरिज 'फैन्सी' को यंत्रवादी सिद्धांत के अनुसार व्याख्यायित करते हैं। फैन्सी के विषय में कॉलरिज बायोग्राफिया लिटेरिरिया के 13वें अध्याय में उल्लेख करते हैं कि- "Fancy, on the contrary, has no other counters to play with, but fixities and definities. The fancy is indeed no other than a mode of memory emancipated from the order of time and space; while it is blended with, and modified by that empirical phenomenon of the will which we express by the word choice. But equally with the ordinary memory the fancy must receive all its materials ready made from the law of Association[1]। अर्थात् रम्य कल्पना में स्थिरता होती है, सुनिश्चतता होती है। फैन्सी मुख्यतः देश-काल से मुक्त स्मृति का ही एक रूप है। इच्छा शक्ति के चिंतनमूलक विचार जगत से मिश्रित और रूपान्तरित होती है और जिसे हम चयन शब्द से व्यक्त करते हैं। साहचर्य नियम के द्वारा फैन्सी अपनी सम्पूर्ण सामग्री, सामान्य स्मृति के समान, जो पहले से बनी बनायी होती है, से ग्रहण करती है।

कॉलरिज के मत से यद्यपि फैन्सी स्मृति का ही एक प्रकार है परंतु यह केवल स्मृति मात्र ही नहीं होती है, बल्कि स्मृति से उच्चतर होती है। क्योंकि यह इन्द्रिय समूह के द्वारा Selection और Preferences प्रदान करती है। परन्तु यह इमेजीनेशन से निम्नतर होती है क्योंकि नई चीजों के प्रस्तुतिकरण के बावजूद यह मात्र चीजों को मिश्रित करती है और पुनः मिश्रित करती है, पूर्वनिर्मित सामग्री में जो स्थिर एवं सुनिश्चत होती है।

वस्तुतः फैन्सी बिखरी हुई, चीजों में परिवर्तन करती है। मन के लिए पदार्थ पूर्वरूप में पड़े होते हैं।, फैन्सी उनको समानता के आधार पर एक साथ जोड़ती है। जबकि कल्पना फैन्सी के विपरीत अपने स्वयं के रूप उत्पन्न और प्रस्तुत करती है।

फैन्सी मस्तिष्क की संगठनात्मक शक्ति होती है और यह मन की अचेतन शक्तियों का विषय होती है। कॉलरिज के अनुसार फैन्सी की निम्नलिखित प्रमुख विशेषताएं हैं-

(1) फैन्सी के लिए सामग्री संगठनात्मक नियम के अनुसार पहले से निर्मित होती है, जो स्थिर एवं सुनिश्चित होती है[2]।

(2) यह स्मृति का ही एक रूप मात्र है जो देश काल से मुक्त होती है[3]।

(3) फैन्सी Aggregative और Associational शक्ति होती है[4]।

(4) यह इच्छाशक्ति के चिन्तनमूलक विचार जगत से मिश्रित और रूपान्तरित होती है, जिसे हम चयन शब्द से व्यक्त करते हैं[5]।

अन्ततः कॉलरिज फैन्सी को इमेजीनेशन की ही एक शक्ति के रूप में स्वीकार करते हैं तथा कहते है कि जब हम इसकी तुलना कल्पना से करते हैं तभी तक यह उत्पादकता से वंचित कही जा सकती है अन्यथा फैन्सी में भी उत्पादकता होती है परन्तु फैन्सी के समक्ष 'कल्पना' उच्च होती है। कल्पना को फैन्सी से संबंध रखना जरूरी होता है क्योंकि उच्च बौद्धिक शक्तियाँ केवल निम्नतर शक्तियों की संचालक शक्तियों के बल से अधिक सक्षम रूप में कार्य करती है- Imagination must have fancy, in fact the higher intellectual powers can only act through a corresponding energy of the lower"[6].

[1] Coleridge, S.T., Biographia Literaria, Chapter XIII, Iind Last para.

[2] Materials ready made from the law of association; Coleridge, BL-I, ch. XIII.

[3] A mode of memory emancipated from the order of time and places; Coleridge, BL- I, ch.XIII.

[4] An aggregative and associative powers, Coleridge; BL-I, ch-XIII

[5] A power motivated not by the priori will but by its empirical counterpart choice; Coleridge- BL-I, ch.XIII

[6] Coleridge, S.T., Table -Talk (April 23, 1833) (Quoted : Sharma, L.S;, Coleridge: His contribution to English Criticism).